ホーリー・アウトロー❷

WALK ACROSS

アーサー・ホーランド＝言葉
河合豊彦＝写真

TAO LAB BOOKS

まえがき

あなたに出会えたことに感謝したい……。

世界の各地を十字架を担いで歩いていると、「どうして歩いているのですか」と聞かれることがある。

そんな時は、「今日、ここであなたと出会うために歩いてきたんだよ」と答えている。

今、このフォトブックを手に取ったあなたとの出会いも同じである。

人との出会いは決して偶然ではなく、摂理だと思う。

この世界の人口を考えれば生涯で出会える人たちは限られている。

良い出会いもあれば、そうでない出会いもある。しかし、どのような出会いであれ、そこには全ての宗教の教えに勝る天からの生きたメッセージがある。人が信じようと信じまいと自然界と人とをデザインされた芸術の源は全ての人を信じ

愛してくれている。
人そのものが大いなる存在の傑作のアリバイ（証明）なのだ。
人生はそのことに気づかされる旅である。人一人いない自然の中を歩く時も、人ごみ溢れる都会の中を歩く時も大いなる存在から流れているスピリットは全てを包んでいることに気づかされる。
「ものは心でみる」と言われるが、そんな心ときめかせる一瞬一瞬を、一緒にいなければ生まれて来ることはなかったphoto artistのラディッシュ（河合豊彦）が共に歩きながら、繊細なタッチとフィーリングでカメラに収めてくれた。

地上では我々は旅人、とBibleにあるがこの本との出会いがあなたにとって人生の旅を豊かにするきっかけとなりますように。

表現の究極は「語らずにして語る」ことだと自負しているのにもうすでにこんなに語ってしまった。このあたりで俺も黙ってあとはあなた自身でこの「WALK ACROSS」をとおしてときめいていただければと思う……。

アーサー・ホーランド

Dedicated to:

この本を誠実で優しくなりたいゆえに

悩んでしまうあなたに捧げる。

目次

この旅について

行進か、巡礼か。

二〇一二年三月十二日、約二十年ぶりに沖縄県は糸満市にある平和記念公園から、日本最北端である北海道の宗谷岬に向け、アーサー牧師は歩き始めた。しかし以前のように大所帯で、通過する都市や街、村ごとに「あなたは（神に）愛されている」と辻説法をして回るにぎやかな行進とは様相が変わっていた。

彼は、ただ、歩いていた。日本では「語らずにして語る」、外国では「Don't talk, just walk, show the cross.」とつぶやきながら。

ただそんなつぶやきも、忙しい通りの中では車の音に、森の中では風に吹かれる木々のざわめきにかき消されてしまい、一見その姿は、祈りながら巡礼をしているようにも見えた。

社会や人々へアピールする意味合いを持つ行進という言葉はぴたりとはあては

まらず、かといって人知を超えた存在と内的対話をしながら聖地へ赴く巡礼とも違う。

「WALK ACROSS」

今回、僕たちはそう呼ぶことにした。

日本、アメリカ、台湾、韓国の端から端までを十字架を担ぎ歩きながら、時には、「偶然」軌道が重なった人たちの話を聞き、一緒に祈り、そこにその瞬間だけ路上の教会が生まれた「WALK ACROSS」という旅。

この本はそんな旅の、日本は北海道、アメリカはイリノイ州からニューヨーク州、韓国は釜山からイムジン河に掛かる平和大橋までの道中の記録と、アーサー牧師による言葉のアンソロジーである。

NEW YORK

日本縦断十字架行進

2012年
3月12日～3月23日……沖縄
4月9日～4月26日………九州
4月27日～8月14日……本州
8月16日～9月18日……北海道

踏破距離約2,770km

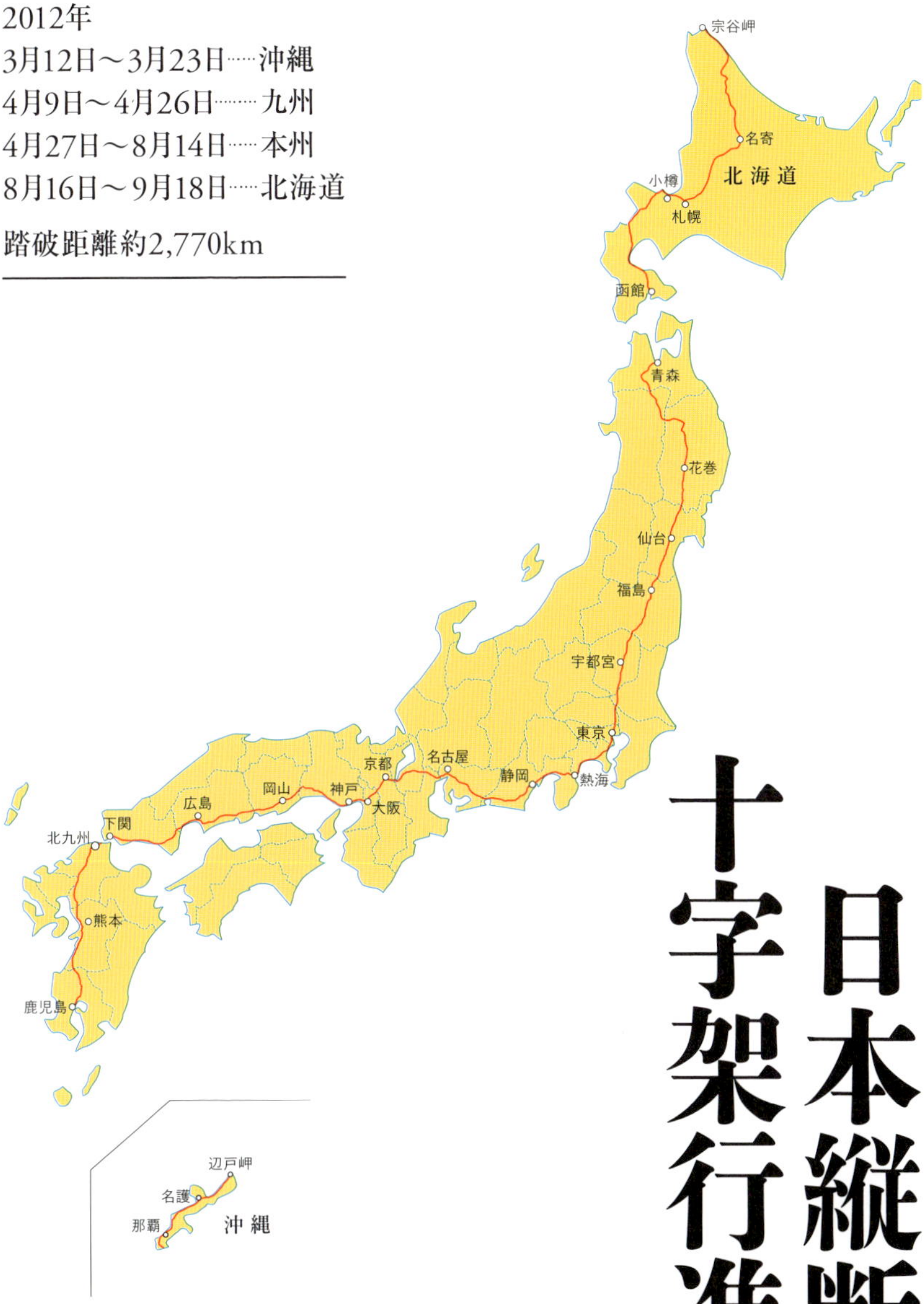

Are You Ready
（覚悟）

覚悟がなければなにも出来ない
覚悟ある者は
勇気をもって逆境に挑む

Not Must But Want
（やらなくては……では無く、やりたい）

やらなくてはよりも
やりたいからやる

列島縦断
アーサー・ホーランド
You are LoVed
十字架行進
沖縄
北海道

Passion
（情熱）

情熱は不可能を可能にする
原動力である

16-94

Enjoy Life

（人生を楽しく）

真面目なだけでは長続きはしない
人生を楽しむことを
忘れないことだ

Step by Step
（一歩また一歩）
人生を走り抜くよりは
歩み抜け

Be Simple
（単純であれ）

難しく考えるよりは
単純であれ

Moving

（感動）

人は感じる故に動く

また、ときめき故に行動する

Here I am
（さあ、始まる）

小匙《こさじ》一杯の不安に
恐れが少々、
そしてちょっぴりの見栄と
自惚《うぬぼ》れに、
大匙《おおさじ》一杯の勇気が
不思議な感動の味を生み出す

Kindness

（優しさ）

人を憂《うれ》う思いが
優しさの花を咲かせる

Be Like a Child
（子供のように……）

素直さは人が持って生まれた
天の扉を開く鍵《かぎ》である

Who am I?
（私は誰？）

自分の存在価値を見出だせる者は
必ず豊かに生きていける

Experience
（体験）

体験して知ることは
頭で勉強するより身に付く

Mission
（使命）

あなたは偶然に存在するのではない
使命をもって生きるために
存在している

You Have

（あなたは有る）

これだけしかないのではなく

これだけも有るのだ

Close to You

（あなたの身近なところに……）

答えは遠い処《ところ》ではなく
あなたの身近な処にある

日本最北端
The Northernmost Point in

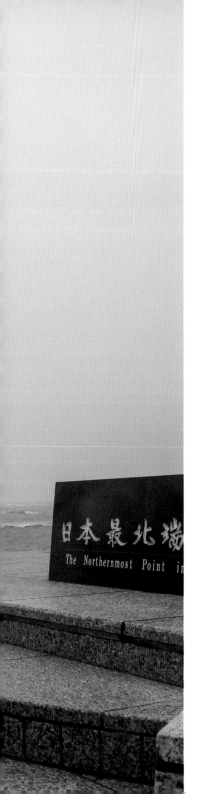

アメリカ横断
十字架行進

2014年3月17日〜8月21日……
カリフォルニア州サンタモニカ→
イリノイ州スプリングフィールド

2015年4月17日〜6月13日………
イリノイ州スプリングフィールド→
ニューヨーク州ロングビーチ

踏破距離約4,600km

SANTA MONICA
NEW YORK

Learning Experience

（学ぶ旅）

人生は己について学ぶ旅なのだ

Always with You
（何時も共にいる）

何があろうとも
また何処へ行こうとも
励まし、支え、
慰めてくれる存在が
あなたと共にいる

NEW YORK
NCE IN EDUCATION

EMERGENCY EXIT
SHILOH C. U. S. D. NO. 1

Join Together
（天と繋がっている）

決して切れることない絆によって
あなたは天と繋がっている

NEW YORK

5332
NS
NORFOLK SOUTHERN

SANTA MONICA
NEW YORK

SANTA MONICA
NEW YORK

Fully Accepted
（すでに認められている自分）

自分ではない自分を装うのはやめて
今、在る自分を生きよ

NEW YORK

Feel'n Lousy
（気分が萎える時）

雲の上には太陽が在るように
萎える気分もいずれは晴れる

NEW YORK
SANTA MONICA

NEW YORK
SANTA MONICA

Love Yourself

（自分を愛してあげる）

あなたは愛されている
故にあなたも
自分を愛してあげるといい

Learn from The Past
（過去から学べ）

完全な人などいない
また、間違いを
おかさない者などいない
大事なのは過去から学び
新たに始めることだ

Be Original
（独創性）

周りの目を気にせず
勇気を持って
独創性を貫《つらぬ》け

Take One Step
（一歩踏み出せ）

一歩踏み出すが故に
出会うべくして出会う人がいる

KITCHENS BY
BERRY
SUPPLY

HOTEL WINDSOR

Don't Need To Rush
（急ぐ必要はない）

焦らず、慌てず
じっくり、ゆっくり歩め

Believe
（信じる）

信じる心が
不可能と思えることを可能にする

Carry Your Own Cross

（己が負う十字架）

誰であれ十字架を背負っている
然《さ》れどその重荷は
必ず取り去られる

NEW YORK
SANTA MONICA

Move On

（進んでいけ）

色々あっても、進んでいけばいい
すべての事は教訓となり
あなたの益になる

Dream Come True

（夢の実現）

夢は叶う
あなたの存在こそが
夢が叶った証なのだ

Believe in Yourself
（自分を信じる）

信じることは愛すること……
愛されているが故に
人は自分を信じることが出来る

Adversity is Opportunity
（ピンチはチャンス）

不安があるが故に
平安を得ることが出来る
また絶望があるが故に
希望を見出せる

No Pain No Gain
（痛みがなければ進歩もない）

痛みなくして前には進めない
そんな時は痛みを踏み潰しながら
歩むしかない

Enjoy the Sound

（音を楽しむ）

天からの音色が

人の胸中に宿っている

What Do You See?
（あなたには何が見える？）

見えるものは
見えないものによって
成り立っている

Start Over
（また、始める）

問題が起こっても
また、再出発すればいい

Balance is Key
（バランスが鍵）

人は悩み、悲しみ、挫折して
生きるためのバランスを知る

Spirit
（スピリット）
スピリットは今のこの時も
あなたに注がれている

CAPACITY
STOP

Never Mind
（気にするな）

嫌な過去をふりかえるよりは
水に流して前向きに
一歩一歩進めばいい

Honesty
（正直者）

辛い時は切なさに浸り
苦しい時は溜息をつく
悲しい時には涙を流し
嬉しい時には喜び踊れ

Not Alone
（ひとりではない）

淋しくても
決してひとりではない

It's OK
（大丈夫である）

大丈夫である
必ず上手くいく
自分に自信を持つといい

NEW YORK

BROADWAY
SANTA MONICA

TOSHIBA
from Technology
to Lifestyle
TOSHIBA
A
DUNKIN' DONUTS
MIXX TAIL
FIREWALKER
21ST CENTURY FOX
SONY
#1 NETWORK.
Levi's
GET TICKETS HERE!
BUBBA GUMP
SHRIMP COMPANY
RESTAURANT MARKET
M7
M20
M104
W 44 St
Newsstand
TICKETS

DON'T LET A
PACKED
HOUSE
T-Mobile
MORE DATA CAPACITY
PER CUSTOMER THAN VERIZON
1500
Are you finding
lots of holes
your network's
coverage?
NOW AVAILABLE ON BLU-RAY, DIGITAL HD & ON DEMAND
REVLON
YOGA
abc NEWS
ONE WAY
ONE WAY
436 KEAP ST.
B'KLYN, NY 11211

drive495
- golf and fitness clu
LEVI'S
ROADWAY BUS LANE
AM - 6 PM MON - FRI
BUSES ONLY
& RIGHT TURNS
TRAFFIC ADVISORY
CONSTRUCTION ON
B'WAY AT FULTON ST
SHERR EQUITIES
OWNER/DEVELOPER
Simply Orange
SOFT
& Y
CONES
SMOOTHIES
SHAKES CONES SUNDAES

401
Broadway
DON'T BLOCK
THE BOX
City Sightseeing
71506
FREE TICKETS
NYCITYFEST.ORG
GOOD NEWS
IN THE CITY

Wake Up
（目覚めよ）

思考は
自分ではない自分を装《よそお》わせ
意識は本当の自分を目覚めさせる

Masterpiece
（傑作）

あなたこそ
創造主の傑作の証である

Wo
2034
ADUL

韓国縦断
十字架行進

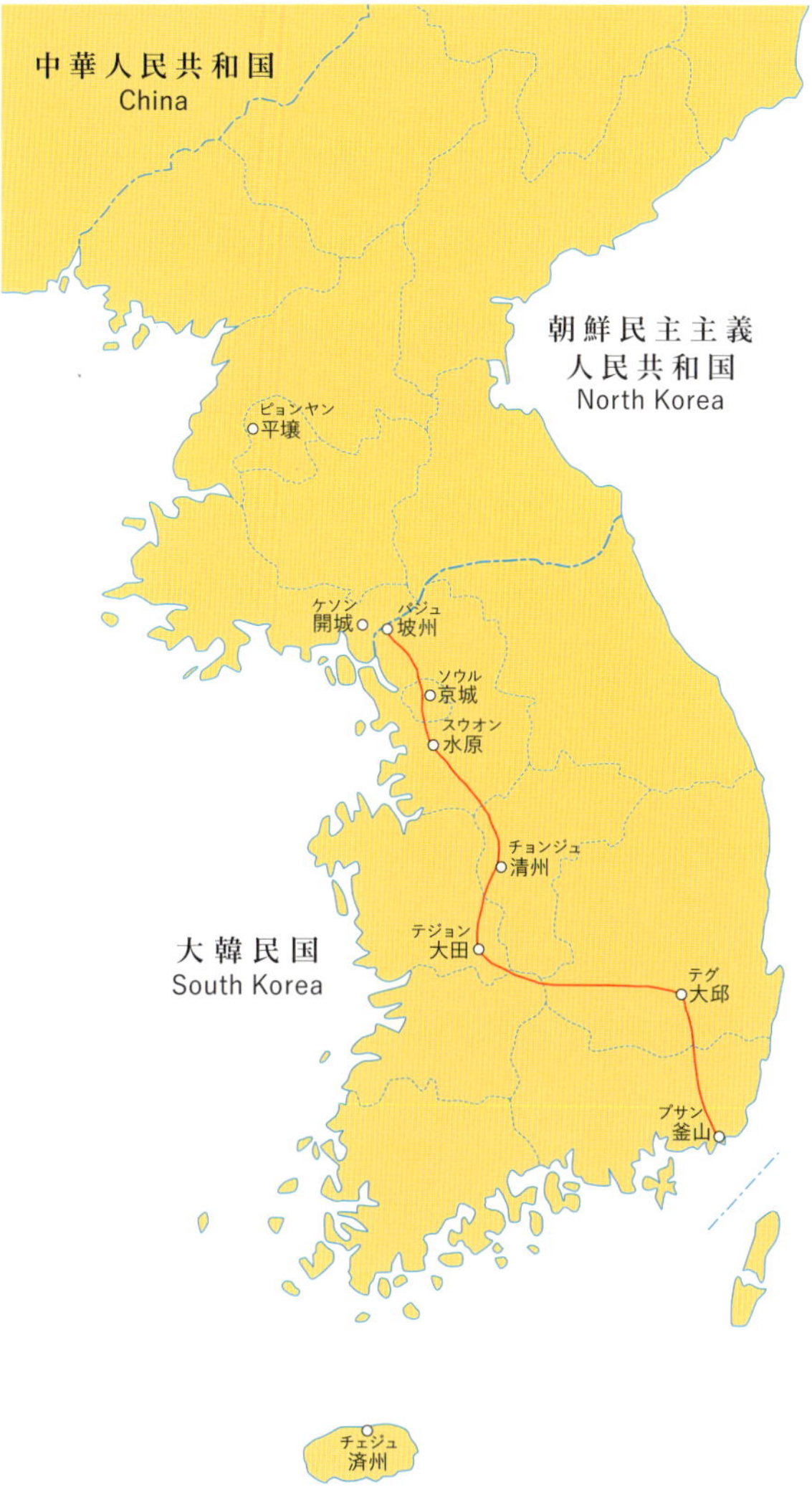

2017年6月27日～7月16日……
釜山→イムジン河平和大橋
踏破距離約540km

ARMOUR
십자가행진

에넥
Design
좌천동 가구거리
www.jangsoo.com

642-2920
부산성산교회
대한예수교 장로회
성산교회
부산 성산교회 교육관
ENE
FENDA

Up to You
（あなた次第）

無理ではない
あなた次第である
難しくとも
信じて一歩踏み出せばいい

Ideal
（理想）

理想と現実の狭間に
真理がある

Hair Salon
실

Give Thanks
（感謝の気持ち）

ありがとう……という
感謝の気持ちを忘れずに

Good Job
（いい仕事）

本来、仕事とは
あなたの中にある
情熱を表すことである

As You are
（ありのままに……）

良いことも
また、そうでないことも
ありのままで向き合う者であれ

Take a Breath
（一呼吸置く）

その一呼吸が
新たな世界が広がる
切っ掛けとなる

부산▶판문점
아서 홀랜드 십자가행진

Possibility
(可能性)

あなたの中に
あなたがまだ気付いていない
可能性が宿っている

Calmness

（静けさ）

静けさの中で
あなたは愛されていることに
気付ける

Change of Pace
（生き方のペースを変える）

たまには生き方のパターンを
変えてみるといい

Break Through the Barrier
（壁を破る）

殻に閉じ籠るよりは
殻を破る者であれ

Challenge

（挑戦）

人は挑戦することによって己を知り
更に成長する

GS25

-1239

감자탕
강남공인중개사
557-1231
원룸임대 전세 월세
010-8850-9417
관리사무실 010-8850-9417
원룸임대 전세 월세
010-8850-9417

Even So
（たとえそうであっても）

たとえ
そうであっても終わりではなく
新たな始まりである

Peace of Mind
（安らぎ）

心配の風が吹き始めたら
「心よ安かれ……」
と祈ってみればいい

Power of Love

（愛の力）

心ひとつで実は如何にでもなる
昔から言われているように
愛が世界を変える

직진 후 좌회전
송파대로
Songpa-daero
428
432

Reason for Doing
（何故やるのか）

やりたいのは
自分の中《うち》に湧きあがる
トキメキがあるから

Walk of Life
(歩み続けるため)

無駄ではなく益となる
無意味ではなく
必ず意義は見出せる

Battle Within
（内なる戦い）

世の争いごとは
内なる争いごとの表れなのだ

Love and Forgive
（愛と許し）

憎むよりは愛すること
恨むよりは赦すこと
あなたの中にその力は
すでに宿っている

통일의 관문
통일을 준비하는 파주
천하제일

부산▶판문점
ARTHUR
HOLLANDS
WALK ACROSS

An Answer in Contradiction
（矛盾のなかの答え）

白か黒かはわかり易いが
人生の答えは
灰色の矛盾の中で見出せる

ROK ARMY
ROK ARMY

For You
（あなたへ）
あなたの存在そのものが
愛おしく尊い

Today and Now
（今日と今）

今日を味わえ
今を楽しめ

You are
Loved

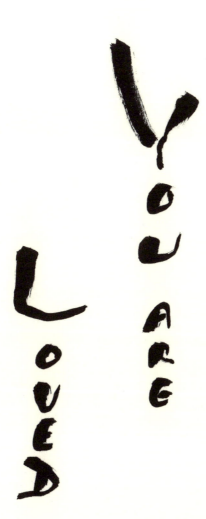

愛されている

アーサー・ホーランド

アーサー・ホーランド

1951年アメリカ人の父と日本人の母との間に大阪西成で生まれ育つ。

異彩を放つ全身TATOOを彫り込んだ“不良牧師”。

インターナショナルスクール卒業後、渡米。全米レスリング(サンボ)選手権チャンピオン2回。パンアメリカン大会銀メダル。全米柔道選手権大会3位。23歳で洗礼を受ける。首の骨を損傷し現役を引退。

1982年からは伝道活動の拠点を日本に移し、路傍伝道、日本列島縦断十字架行進などを行うほか、「ミッションバラバ」の創設、バイクミッションでの活動を行っている。

現在、アーサー・ホーランド・ミニストリー主宰。多方面に及ぶモチベーター、講演者として、企業、学校、団体において活躍。

ユーモア溢れるトークと熱い生き様は、「価値ある人生」の再発見を与えるきっかけとして多くの聴衆を魅了している。

公式サイト：http://arthur-hollands.com/

フェイスブック：http://www.facebook.com/arthurhollands

河合豊彦

1981年長野県生まれ。

2012年沖縄で20年ぶりに復活したアーサー牧師による日本列島十字架行進に、平和記念公園から辺戸岬まで同行。

その後、同年夏から秋にかけゴールの地である北海道、2015年アメリカ横断の後半、そして2017年夏の韓国縦断に参加。その道中をスチルカメラで記録した。

ホーリー・アウトロー②

WALK ACROSS

2017年12月25日　初版第一刷発行

著者　アーサー・ホーランド
写真　河合豊彦
監修　宮本小百合
協力　株式会社リアルサウンド
発行者　白澤秀樹
発行所　TAO Lab LLC
［本　社］〒413-0041　静岡県熱海市青葉町7-20
［編集室］〒413-0235　静岡県伊東市大室高原8-451
電話・ファックス　0557-27-2373
http://taolab.com/books/
お問合わせ　books@taolab.com
装丁、本文組版　倉茂 透
印刷・製本　シナノ印刷株式会社

ISBN978-4-903916-03-3　

毎日が生活観光

忙しい日々の暮らしのなかで忘れかけた「光」を観る楽しみ……
読書というものはとても安上がりなもうひとつのTRIPです。

どこでも、いつでも、ここにいながらにして、
過去へ未来へ、極限へ楽園へ、さらに宇宙に魂に。
結果、今に触れ、己を知ることができます。

「外なる環境」と「内なる環境」を「私」で繋ぐ……
この「TRIP＝読書」を楽しんでいただけたら幸いです。

道中祈願安全　天下泰平 ：）
TAO LAB BOOKS

音楽世界の地図と歴史
musiquarium series
オススメの音楽の旅

---

planetariumは宙の世界を、aquariumは水の世界を、musiquariumは音の世界を。太陽系第三惑星で創り奏でられている音霊を独自の視点で選択紹介します。

My Soul Music
青柳拓次 著
はじめに耳にするアルバム、
いつでも手元に残るアルバム

R.I.P 吉原大樹 著
eternity of eternal
音霊は永久（とわ）に

TIME and SPACE
マササトウ 著
across the universe
宇宙を超えて
宇宙の果へと　飛び出していく

Made in NIPPON 70s
吉原大樹 著
ロックでもなくフォークでもない
ニューミュージックが
日本で生まれた時代

My Roots & Route
JUZU a.k.a. MOOCHY 著
10代の頃から影響を受けた音楽、
そして現在の活動に
シンパシーを感じる音楽

電子書籍レーベルBCCKSの“TAO LAB BOOKS”内にてデジタル配信
http://bccks.jp/store/taolabbooks

［ホーリー・アウトロー］シリーズとは

聖なる者と俗なる者、善と悪、苦と楽、絶望と希望、そして生と死。この世を覆う二元論的な世界からの逸脱から始まるリアル・精神世界への誘い。

このシリーズは「叛骨（父性）」と「思いやり（母性）」の実践録です。二元論に囚われることなく、オリジナリティー溢れる生き様を通して常識でもなく、非常識でもない超常識＝真理を探求し続けている人々の記録です。彼らの生き様の共通項である「愛」と「勇気」と「正義」を参考に、貴方なりのスタイルを確立してください。

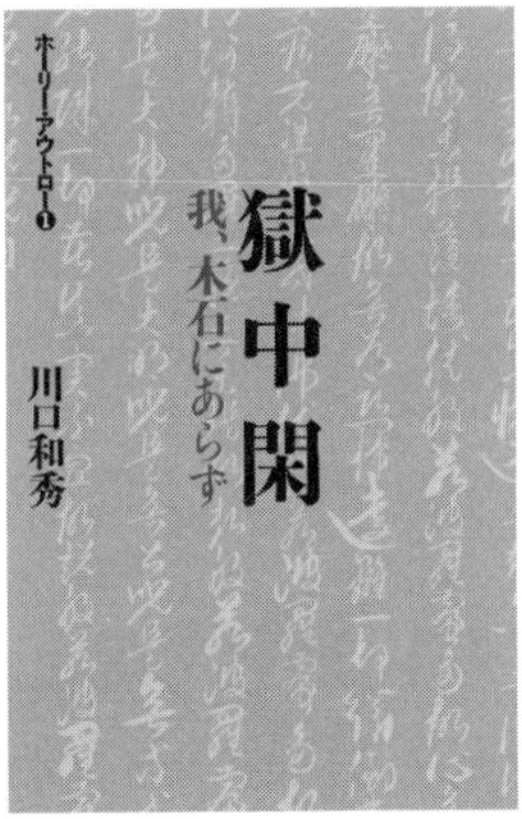

罪なき罪で獄中に二十二年。
侠客・川口和秀の不屈の精神史。
叛骨とユーモア、
ゆるしとおもいやりの軌跡。
伝説の随筆がとうとう書籍に！

ホーリー・アウトロー①
獄中閑
我、木石にあらず
川口和秀 著
定価（本体2,500円＋税）
ISBN978-4-903916-02-6

ホーリー・アウトロー③　三部作完結編、2018年発刊予定
『禅SURF ──波乗りの彼岸──』（仮題）
著者は???　乞うご期待!!!